目　次

JN126821

■編集協力
　川成　洋（法政大学名誉教授）
　瀧村義実（株式会社 電通）

第2回企業倫理研究会
～私の経営理念とその実践～

2018年12月17日（月）
アルカディア市ヶ谷私学会館

ご挨拶：弦間明（企業倫理研究プロジェクト座長）

今日は第2回目の企業倫理研究会でございます。

北尾先生に記念講演をお願いしております。

年に2回ずつ今後も開催したいと思っておりますので、よろしくお願いいたします。

最近、大企業が不祥事を起こしています。

これは何かどこかが狂っていると思います。

メイドインジャパンのブランドを大きく毀損しているのです。このようなことが起こらないように私たちは心がけていかなければなりません。

よく考えてみるといま企業は何のために存在するのか、そして企業は何を社会に提供しようとしているのかという根源的な問題が問われているような気がいたします。

この根源的な問題をしっかり抑えた上で企業経営を行うべきであ

ります。

　その上で企業は持続的な成長を確保していかなければなりません。

　そのためには今日、持続的イノベーションと同時に破壊的イノベーションをやることが必要です。

　同時に企業は人が運営するという意味で人間力を強化する必要があります。

　企業は何のために存在するのかWhyの部分、次に、どのような戦略でやるのかHowの部分。さらに社会にどんな価値を提供するのかWhatの部分の三本柱を大切にした、すなわちWhy How What Co. を目指していくことが不祥事を起こさない企業へと進化していくのではないでしょうか。

　お互いに努力してまいりましょう。

講師紹介：川西重忠（アジア・ユーラシア総合研究所代表理事）

　北尾社長いつもお世話になっております。

　先ほどご挨拶がございましたように、北尾社長は今、日本で最もお忙しい方でございます。

　実はこの会には10年前に前身の桜美林大学の附属の研究所の時に一度おいでいただいたことがございます。その時にもCSRについて大変貴重なお話をいただきました。

　実は私自身が北尾社長のやられておりますSBI大学院大学で教えておりますので、北尾社長は学長にもなるわけであります。

　色々な本も書かれておりますし、そして金融、証券サービス業界で今や日本のトップグループを率いる方でございますが、その傍らで社会貢献事業をいくつもやってらっしゃいます。児童福祉施設等への寄付を行う公益財団法人SBI子ども希望財団であるとか、児童心理治療施設である社会福祉法人慈徳院（こどもの心のケアハウス嵐山学園）であるとか、何よりも先ほどお話ししましたSBI大学院大学を設立され運営しています。お仕事に社会貢献にそして人に対しての貢献事業にとおそらく自分の時間をさいてやられているのではないかと思います。睡眠時間5時間を最近は4時間にさいてその生活をされていると言うことを承っております。

　私は最近読んだ北尾社長の本を今日も読み直しまして、言われていることは一貫しておられます。中国古典の人物学にのっとったこと、「何のために働くのか」「人はいかに生きるか」こういうことがいつも根底にあるわけです。簡単に私の手元にあるプロフィールの

前半部分を読み上げさせてもらいます。1951年兵庫県生まれ、74年慶應義塾大学経済学部卒業、同年野村證券入社、78年英国ケンブリッジ大学経済学部卒業というように進まれてロンドンでお勤めになられ、野村証券の法人部長になられた後に95年孫正義氏の招聘によりソフトバンク入社、常務取締役に就任、99年にソフトバンク・インベストメントを設立し、その後ご自分でSBIのグループを牽引されてきたことはみなさまがご承知のとおりです。今、日本で一番お忙しい方だと私は思っております。そしてここに書かれてあるだけで約20冊の本を書いておられます。その本はHow toものというよりも、それこそ先ほどの中国古典の人物学に基づき「いかに生きるか」「いかに働くのか」ということが通底しておられます。私が特に最近感銘を受けて身近に置いてあるのは、手元に持っております『何のために働くのか』これが大変良い本だと私は思っており、いつも枕元に置いています。それからもう一つは『実践版　安岡正篤（一流の仕事人になる為に身につけるべきこと）』も良い本だと思います。実は安岡正篤先生は私の学生時代の恩師の一人であります。そういうご縁もございまして北尾社長と急速に接近をしてSBI大学院大学にお世話になっているということもありますので、このアジア・ユーラシア総合研究所も今後色々な機会をみて、SBIホールディングスと連携をしながらやっていければありがたいというように思っております。

　北尾社長、今日はありがとうございます。

　よろしくお願いします。

「私の経営理念とその実践」

講師：北尾吉孝（SBI ホールディングス代表）

　私の経営理念とその実践ということで話をさせて頂きます。私の経営理念を語るということで、私が企業というものをどのように捉えているか、そのことを最初にお話したいと思います。

　企業とは何かということで、日本の経営者の企業観というものを考えてみますと、大きく1980年代以前と1990年代に入ってからで変わりました。日本の伝統的な経営理念・経営観というものは、おそらく江戸時代からそんなに大きく変わっていないと考えております。どこにその源泉を見出すかというと、たぶん「石門心学」と呼ばれる、善道と儒学を合わせたような学問を自ら築き上げた石田梅岩先生が源泉ではないかと思っております。当時、士農工商で商人は一番下の身分となっていました。その商人に対して商人道を説く、商行為の正当性を訴え、商人がどうあるべきかを唱えました。例えば、商行為の正当性として、『都鄙問答』のなかに「商人の買利は士の禄に同じ」と初めて「士の禄」と商人の利益が同じだと明確に言っております。あるいは「御法を守り、我が身を敬むべし」と今でいうコンプライアンスということでしょう。

「実の商人は先も立ち、我も立つことを思うなり」これは共生という概念です。そのようなことを『都鄙問答』のなかでは唱えられています。伝統的な考え方、そこに孔子の論語を中心とした儒学を入れて、ちょうど日本の資本主義の勃興期にあたる頃、渋沢栄一が「道徳経済合一説」を説いた。これは「営利の追求も資本の蓄積も道義に合致し、仁愛の情にもとらぬものでなければならない」という考えであります。渋沢栄一という人間は、もし彼が望むならおそらく三井・三菱・住友に匹敵できる、もしくはそれ以上の財閥を築き上げられたのではないかと思います。しかし、彼はそれを望まなかった。それに対して何をしたかというと、600余りもの教育福祉団体を設立され、広範な福祉事業を展開しました。私は立派な方であると心から尊敬しております。また論語については非常に造詣が深く、そして論語に関する本も何冊か上梓されています。その『論語講義』のなかで「その事業が個人を利するだけでなく、多数の社会を利してゆくのでなければ、決して正しい商売とはいえない」と明確に述べられている。それを受け継いだのが現パナソニックの創始者の松下幸之助さんであります。松下幸之助さんは、ちょうど私が大学入学の頃であった1974年に『企業の社会的責任とは何か』という小論を書かれた。私の記憶では、それは1950年に1冊の本の中に一論として出版され、それから随分経ってから新たに『企業の社会的責任とは何か』という本の小冊子が単行本として出版されました。それには1974年に読んだ「本業を通じた社会貢献」や「人を育てること」あるいは「地域社会や周囲の環境との調和」「公害の防除、絶滅」「過疎過密の解消に配慮」「自由にして公正な競争の

推進」「国民外交の推進」「適正な利益を上げていくこと」などの論考が再録されています。これは現在のCSRの概念とほとんど変わらない。90年代に入るとこの伝統的企業観が大きく変わっていった。いま「失われた20年」と言われ、それをはるかに超えてきていますが、1980年代は日本経済は絶頂期であり、アメリカのロックフェラービルを買いに行ったり、ブリジストンがファイアストンを買収するなどアメリカの象徴的なものを次から次へと買いに行くほど元気であった。その後日本は、1989年末に株式市場がピークとなり、そこから一気に下落し市場価値は1/4以下となる。そして、1990年に不動産市況が同じように急速に下落。不動産の市況は上がる方でも下がる方でも株式市況よりだいたい一年遅れる。その巨大なバブルが崩壊して、日本は先進諸国の中で初めてデフレーションを経験します。対前年消費者物価上昇率が下落していった。日本経済の潜在成長率はどんどんと低下し、山一證券や日本長期信用銀行、日本債券信用銀行など次々と大型の経営破綻が続き、大手の銀行も一行では生き残っていけない状況となり、複数が合併することで今日のメガバンクが残ったのです。当時、各企業は生き残るために、大規模なリストラを敢行せざるを得なくなりました。

混迷を重ねる日本企業

　伝統的な企業の価値観であった「終身雇用」「年功序列」「企業内組合」という日本が高度経済成長期に築き上げた「三種の神器」をすべて否定する状況となりました。旧来の日本的企業観や価値観が動揺してくると日本の経営者はアメリカの企業観を求め始め、調べ

始める。そして形だけのコーポレートガバナンスを導入していった。これが1990年代である。アメリカの企業観はいたってシンプル。例えば、1919年ミシガン州最高裁判所で「企業は株主のために利益を上げるために存在する」という判決を下した。〝株主のために利益を上げる″これがアメリカの伝統的な考え方である。そして1970年にノーベル経済学賞を受賞したミルトン・フリードマン教授は「企業のたった１つの社会的責任は、利潤の増大を目指す活動に従事すること」であると提唱し、この思想はいまでも変わっておらず、アメリカの企業経営者は自分が経営者として在任している間に「株価」と「発行済株式総数」を掛け合わせた「企業価値」をどれだけ高められるかに傾注する。ROE（Return on Equity:自己資本利益率）を上げることが、良い経営であり良い経営者である。このように日本的経営とは全く異質なものであったが、にもかかわらず、日本の経営者はそれを導入しようとした。その結果、様々な弊害が発生しました。例えば「公共財たる資本市場の悪用・濫用」であります。私がホワイトナイトとして当時ホリエモンへ立ち向かった時がまさにこれでありました。私が大学を卒業してから21年間勤めた野村證券に、北裏喜一郎さんという伝説的な経営者がいらっしゃいました。北裏喜一郎さんは「資本市場は清冽な地下水が流れている。これを汚してはいけない」と野村證券の後継の経営者に伝授していました。しかし、野村證券ではその後、この教えが忘却され大変な不祥事を起こしてしまいました。また、日本では敵対的買収は合わず、友好的買収が風土に合っていると考えます。そのような状況の中で「企業とは何か?」という原点を考える経営者が出て

きました。

日本企業の再生の路

　企業とは、「個人の集合体としての組織」「『法人』としての『法人格』を有する」「社会という全体の中の一部分」「様々な社会的影響をもたらしている存在」「社会的存在そのものであり、社会の一つの要素」である。すなわち、企業はその私益と公共の利益双方のためにその企業を取り巻く利害関係者の間の利害の調和を図り、社会との連帯のうちにゴーイングコンサーン（永続）企業として存在していかなければならない。

　では、そのような企業を目指すためにどのようなプロセスを踏んでいけばよいか。これにはパラダイムシフトの３つのプロセスが考えられる。立派な企業になるためには、

　まず第一に「社会性の認識」。企業は社会に帰属しているからこそ存続できるのであり、企業は社会の維持・発展に貢献しなければならないと認識することが大切である。企業は、株主のためにだけ存在するのではなく、地域住民に対しても貢献していないといけない。例えば、中国においては企業が大量の公害被害を生み、日本にまでネガティブな影響を与えている。社会に対するネガティブインパクトは大きい。中国の企業はソーシャルコストという概念をしっかり理解する必要がある。企業を取り巻くすべてのステークホルダーに対して、利害関係を調整しながらお互いにwin-winである関係の具現化について経営者は真剣に考えなくてはならない。

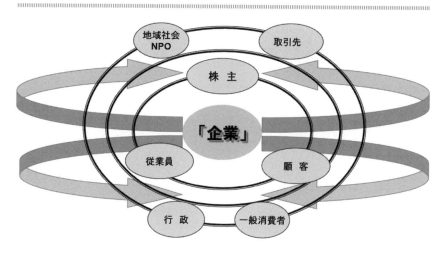

第二に「社会的信用の獲得」。 社会的信用を獲得するためには、企業の価値観・経営理念・ビジョンといった概念的枠組みを明確に規定し、競争戦略、ターゲットとする顧客セグメント、事業ポートフォリオを定めることが必要となる。このようなことを広く自社の内外に表明し、ステークホルダーから評価される存在にならないといけない。社内の業務体制や教育研修体制を整備することも大変重要である。

第三に、「社徳を高める」。 人に人徳があるように、企業にも「社徳」がある。

高い「社徳」があれば、必ず事業もうまくいき社会からも尊敬される。では、高い「社徳」を得るための実践的な活動は何なのか。まず、全役職員が徳性を高め正しい倫理的価値観を堅持することである。「才」より「徳」を重視した人物の採用や評価、登用制度をつくらないといけない。「才」とは訓読みをすると「わずかに」と読む。「才」だけではわずかである。これに「徳」を加えないとい

けない。司馬温公は小人と君子を区別するにあたって、聖人は「徳」も「才」も高い人であり、君子は「徳」が「才」に優っている人であり、小人は「徳」が少なく「才」がある人と定めている。世の中が誤っているのは、才気煥発であいつは優秀だとその人を評価するが、これは間違った考えである。我々は優れた人間を評価しないといけない。そして獲得した社会的信用を継続し、醸成し続ける（＝強力なコーポレートブランドの確立と維持）ことです。例えば、企業パーソナリティとイメージの整合性、企業を取り巻く全てのステークホルダーとの調和、寄付やボランティア活動、メセナなど直接的社会貢献活動の積極的推進をすることです。

　それでは、いかにして「社徳」を高めるか。まず、経営トップの徳性がすべてを決めます。これは会社だけに限らずあらゆる組織においても同様である。「組織を運営する」「会社を経営する」「事業を構築する」これらはすべて人間の営みであり、トップである経営者の倫理的価値観が息づいています。それがすべて、経営方針、経営戦略、経営成績に反映されていくのです。

　ドイツの歴史学者マックス・ウェーバーは、資本主義を発展させ存続せしめる精神的な支柱として「正直、勤勉、節約」を列挙している。この３つの倫理的価値観が、資本主義を萌芽させ発展させた原動力になったと。つまり、いかに倫理的価値観が大切かということであり、経営者の倫理的価値観は、企業の根底要素である。倫理的価値観を別の言葉で表すと「品性」とも呼べる。経営学の父であるピーター・ドラッカーは「経営者が為さねばならぬことは学ぶことができる。しかし経営者が学び得ないが、どうしても身につけな

ければならない資質がある。それは天才的な才能ではなくて、実は
その人の品性なのである」と述べている。

企業経営者の具備すべき資質

　蘇老泉が記した『管仲論』のなかに「一国は一人を以って興り、
一人を以って亡ぶ」とある。いかなる組織・集団も指導者であるト
ップの双肩にかかっている。例えば、チンギス・ハンのように一代
にしてモンゴル帝国を築き上げたように、経営のトップはいかにあ
るべきか、どのような資質が大事なのかを考えてみます。

　一つ目は「正しい倫理的価値観を持つこと」である。

　論語のなかでは「君子は義に喩り、小人は利に喩る」と出てきま
す。君子はそれが正しいことか正しくないことかで判断するが、小
人は損得で判断しようとするという意味です。同じく論語に「子曰
く、君子、義以て質と為し、礼以てこれを行い、孫以てこれを出だ
し、信以てこれを成す。君子なるかな」とある。君子は道義を本と
し、礼によって行い、謙虚な態度で物を言い、終始偽りのない信を
貫いて事を成し遂げる。こういう人物が真の君子である。

　二つ目は「高い志を持つこと」である。先日ノーベル医学・生物
学賞を受賞した本庶佑さんが文部科学大臣に自身が揮毫した色紙を
手渡された。その色紙には「有志竟成」とあった。「志ある者は事
竟になる」。そして「志易ければ足りやすく、足りやすければ進む
なし」です。理想を目指してそれに到達しようとする意志がすなわ
ち志であり、その志の高さ、厳しさによって、やろうとする心、自
らを律する強さも変わってくるのです。

「志」とは？

「志」とは？「志」は「士の心」と書く。「士」は十と一の合字で十は多数・大衆を表し、一は多数の意志の取りまとめ役であり、重い責任がある。従って志は「公に仕える心」を本来意味する。なにも大事業を興したり、歴史上の人物になることではない。主婦が一生懸命子育てをし、その子供が次世代を担うような立派な大人に成長したら、それは大変な一大事業をやったことに等しい。孔子も論語にて同じように「老者はこれを安んじ、朋友はこれを信じ、少者はこれを懐けん」と言っています。これは、公のために自分が出来ることを生涯を通じてやり抜き、後に続く人々への遺産にするということである。人間は必ずいつか死にます。死ぬ以上、自分の足跡として世のため人のためになることを遺すことが、一番良い死に方であると私は思っています。

では、「志」はどこから生じるか。

一つ目は、他の動植物の犠牲の上に我々人間は生命を維持している。何かを食べないと人は生きていけない。

二つ目は、人は他の人や社会との干渉なしには存在し得ない。

この二つの事実から、人は他によって生かされていることを自覚する。その自覚がいかに公のために生きるべきかという使命感・志となって自らの生き方となっていくのです。

ただし「志」はこわれやすい。

司馬遼太郎の小説『峠』の主人公・越後長岡藩の英傑河井継之助の言葉としてこうあります。「志ほど世に溶けやすく、こわれやす

く、くだけやすいものはないということだ」

　また、『諸葛亮集』にも諸葛孔明が五丈原の戦いで病のために陳没するに際して、8歳の息子に遺言状をしたためる中に「澹泊に非ざれば、以って志を明らかにするなく、寧静に非ざれば、以って遠きを致すなし」という言葉があります。つまり、私利私欲を無くして澹泊であれ。そうすると「志」を持続することができる。そして、落ち着いてゆったりとした精神の状況を持つことで遠大な境地に達することができると、8歳の息子へ最後に伝えている。世の中には志と野心を間違えている人がいる。「志」とは他を利することである。世のため人のためにならないことは「志」ではない。だから「志」の志念の念は共有されて、後世に引き継がれていく。「野心」とは利己的なものであり、その人だけで終わるものです。

　経営トップに必要な資質の三つ目は「人を集める度量の大きさ」である。鉄鋼王カーネギーの墓碑銘に「己より賢明な人物を周辺に集めし男、ここに眠る」と書かれてあります。「論語」のなかにも「徳は孤ならず。必ず隣あり」とあります。やはり徳性が高ければ、自身の周りにも徳性の高い優秀な人間が集まってくる。カーネギーの周りには多くの人物も優れ才能に溢れた人物が集まり、鉄鋼王となり、当時のアメリカ最大の大富豪となる。そして、その財をすべて売り、福祉事業にすべてをつぎ込んだ。そのカーネギーの生き方をマイクロソフトのビル・ゲイツは真似たのです。いまは財団をつくり、奥様と一緒に世界中でマラリアなどの病気を撲滅するためにお金を使っています。

四つ目は、「人物の育成能力」である。

「其の身正しければ令せずとも行わる。其の身正しからずんば令すと雖も従わず」という言葉が論語にありますが、率先垂範、皆に先立って身を修め、実践して、口先でなく体で語り、後姿で導くことこそ上に立つ者の基本条件という意味です。またこういう言葉があります。「上、下を見るに３年を要す。下、上を見るに３日を要す」新しい上司が来た時に部下は言ったことと行動とを見比べて判断するのに３日で良い。しかし、上司が部下を判断するのは難しい。部下はゴマをすったりとどれが本音か分からない。連合艦隊司令長官の山本五十六の言葉に「やってみせ、言って聞かせて、やらせてみて、誉めてやらなきゃ人は動かず」とあります。

　誉めるという感激を与えることも人を育てるには重要なことであります。

　では、いかに人材を育て、伸ばすか。

「君子は人の美を成す。人の悪を成さず。小人は是れに反す」（論語）

　組織運営では、それぞれのメンバーの長所を結集し、それを有機的に機能させることによって組織全体として力を発揮することが大切になる。私は美点凝視が大切であると考える。子どもも長所を伸ばしてやると欠点がおのずと見えなくなっていく。欠点を怒るより、美点を凝視してそこを誉める、その方が子どもの教育に良いと思う。

SBIグループの考える新しい企業価値とは

　次に企業価値の問題です。

　前述のとおり、アメリカの企業価値とは、利益を上げていくことである。これまでトップの徳性について述べてきました。では、この「徳性」だけで企業は成功するだろうか。そうではありません、もうひとつの思想「窮理」が企業には不可欠です。倫理観と科学的経営が相まって「企業の成長・発展」に繋がる。置かれた現状を分析して、会社として将来に向けて、いかに変わるべきかという手法も編み出されないといけません。

　従来の〝企業価値″のみを重視する経営には限界があります。従来の定義は企業価値＝株式時価総額＋負債時価総額（将来受取が予想されるフリーキャッシュフローの現在の価値）でした。短期的なROE（Return on Equity）向上が重視されるわけですが、この

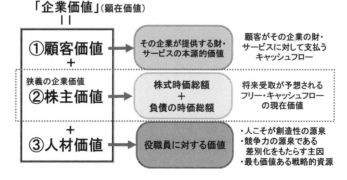

新しい企業価値論

従来の定義：「企業価値＝株式時価総額＋負債時価総額」
（将来受取が予想されるフリーキャッシュフローの現在価値）

新しい「企業価値」論では、

「企業価値」（顕在価値）
＝

①顧客価値 ＋	その企業が提供する財・サービスの本源的価値	顧客がその企業の財・サービスに対して支払うキャッシュフロー
狭義の企業価値 ②株主価値	株式時価総額 ＋ 負債の時価総額	将来受取が予想されるフリー・キャッシュフローの現在価値
＋ ③人材価値	役職員に対する価値	・人こそが創造性の源泉 ・競争力の源泉である差別化をもたらす主因 ・最も価値ある戦略的資源

ROEは例えば自社株買いを行えば簡単に上がる。しかし、その自社株買いは財務基盤の脆弱化を招く。つまり、ゴーイング・コンサーンとしての企業の健全な成長、真の意味での企業価値向上の観点から株主価値のみの重視は望ましくない。そこで私が考えた「企業価値」は価値を3つに分けたものであります。

　一つ目は、その企業が提供する財・サービスの本源的価値。顧客がその企業の財・サービスに対して支払うキャッシュフローのことであり、私は「顧客価値」と名付けました。

　二つ目は、狭義の企業価値として、先程申し上げた「株式時価総額」プラス「負債の時価総額」である「株主価値」。

　三つ目は、役職者に対する価値であるとする「人材価値」です。人材こそが創造性の源泉である。競争力の源泉であり、差別化をもたらす主因である。だから人材に価値がある。最も価値ある戦略的資源です。

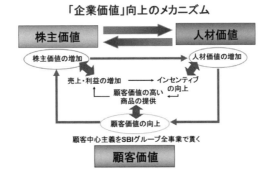

「企業価値」向上のメカニズム

「顧客価値」をベースに売上・利益が伸びると株主価値が増加し、良い人材を雇用することができる。あるいは、ストックオプションの還元や給与増、福利厚生の充実など、「企業価値」は顧客価値の

創出が土台となり、株主価値、人材価値と相互に連関しながら生み出され、増大されていく。

　そして、長期的な企業価値向上に向けて「経営思想」と「長期的な戦略」こそが「将来の企業価値」の最大の決定要因であります。

　しかし、超長期的となった場合、創業者の経営思想は消えてしまう。創業者も創業期のメンバーもいずれ年を取り、亡くなる。超長期となると思想や戦略は必ずしも残っているとは限らない。その時、自身の企業に何を伝え残していけばいいのか。

　私が当面残したいと考えるSBIグループが企業文化として未来に継承すべきDNAは、

①　起業家精神を持ち続けること（Entrepreneurship）

大企業病に陥らず、常に挑戦者として新しいことにチャレンジし続けること

②　スピード重視（Speed）

常に迅速な意思決定と行動を心がけること

③　イノベーションを促進すること（Innovation）

過去の成功体験に拘泥せず、常に創造的精神を発揮し続ける

④　自己進化し続けること（Self-evolution）

環境変化に柔軟に適応しながら、自己を変化・成長させ続ける

　私は常々社員に対して、自己否定・自己変革・自己進化を伝えている。このSelf-evolutionである自己進化を続けていかなければならない。私はいま新しいことをどんどん金融事業につぎ込もうとしている。つぎ込むために技術を持っている企業にどんどん投資をし、

自社の企業に採用・浸透させている。さらに自社のためだけではなく、いま瀕死の状態である地域金融機関へどんどん拡散させている。

　それでは、次に私が中国古典から得た経営手法についてお話したいと思います。

中国古典から得た経営手法（1）「判断の基準」を会得すること

　経営は時々刻々「判断」の連続である。『戦国策』にこうあります。

「大功を成す者は、衆に謀らず」

　秘密にすべきことを周囲に話すことは良くないということです。「判断の基準」を会得していなければ、常に逡巡してしまい、迅速な結論を出し得ない。判断は時としてブレます。その時、私がどのように判断がブレないようにするかといいますと、中国古典の「信」「義」「仁」を「判断の規矩（ものさし）」にしている。

「信」——社会の信頼を失わないことであるか。

「義」——社会的正義に照らして正しいことを行うことであるか。

「仁」——相手の立場になって、物事を考えているか。

　京セラの稲盛会長の言葉をお借りすると、

「動機善なりや、私心なかりしか」。通信事業に参入する際、毎晩「動機は善なのか、そこに私心はないのか」と自分自身に問い続け、参入の決心をされた。常に私は「信・義・仁」に照らして判断することにより、軸をブラさず的確に判断することができるようになり

ました。

　それでは、思考力を高めるためにはどうすればいいか。

　一つ目は「長期的思考」です。「論語」にこうあります。「遠き慮
なきときは必ず近き憂あり」

　短期的な利害にとらわれず、長期的に社会に大きく貢献する事業
が伸びるということです。

　二つ目は、「多面的思考」です。

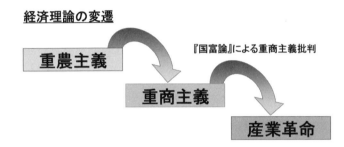

経済理論の変遷

重農主義

『国富論』による重商主義批判

重商主義

産業革命

　例えば、産業革命の時にアダム・スミスが唱えた「国富論」があ
る。この「国富論」はその前の時代の統制的な「重商主義」をいか
にロジカルに批判するかであり、「分業論」等もすべてにおいてそ
のために彼が作り出したものです。

　現代には正しい物の見方、成功要件が誤った物の見方、失敗の原
因へと変わり得るということです。

　つまり、様々な考え方をあわせ持つべきです。歴史はおもしろく、
国の栄枯盛衰の歴史だけでなく学説史を研究してみるのも良いと思
います。

　三つ目は、「大局的思考」です。

　着眼は大局、着手は小局。

「君子は本を務む。本立ちて道生ず」（論語）

　何事についても末梢のことや形だけにとらわれずに、根本を把握するように努力すべき。そして、自らの胆識で決断する。

「胆識」「見識」「知識」という言葉があります。

「知識」とは本を読めば頭に入ってくるような、ある物事を知っていること。「見識」とはそこに善悪を判断できる価値観を導入すること。テレビなどで見識があることを言う方々は多くいるが、実際に自身で行動しようという方はいない。これは彼らに「胆識」が無いからである。勇気ある実行力の伴った見識、これが「胆識」である。

中国古典から得た経営手法（2）「先見性を磨く」

　ニーチェの言葉に「偉大とは人々に方向を与えることだ」とあります。方向を与えないと人々は動いていかない。そして、その方向がいつも正しいとは限らない。経営者も神様ではありません。大事なことは間違っていると気付いた時にすぐに方向転換する柔軟性をもつことです。また、短期的に正しくても、中長期的に正しくないかもしれない。方向を与えた時にそれが永続的に正しいと思うことは愚かなことだと思う。常に仮説を立て、それを変化の中で検証をしていくというプロセスが私は大事だと考える。

　先見性については、いろいろな方の考えがある。

　パナソニック創業者の松下幸之助氏は「一つのことを一生懸命やっていると、そのものごとについてある程度の予見ができるようになる」と言っておられる。

阪急鉄道の創業者の小林一三氏は、阪急鉄道創業時に沿線の土地を有名人たちにただ同然で提供すると同時に、阪急百貨店、宝塚歌劇団などの娯楽施設を創設し、阪神地域の再活性化に繋げた。

　私が思うのは、将来を予測することは難しいが、未来を作ることはできるということです。小林一三氏は、繁栄した阪急鉄道をつくったのです。

　ソフトバンク会長の孫正義氏は、アメリカで日本にない事業の成長の萌芽を見出し、いち早くパソコンソフトの卸売業を手がけ、ソフトバンクを1981年に創りました。私は孫さんと一緒に働いている時、その経営手法を「タイムマシン経営」と呼んでいました。

　次に「時局を洞察する」ということですが、韓非子に「聖人は微を見て以って萌を知り、端を見て以って末を知る」とあります。

　かすかな兆候から将来の全体を推し量り、わずかな部分を見て結果を知ることが肝要ということです。これは本当に難しいことですが、これができたら最高です。これをやるヒントが「易経」のなかにある三つの「キ」です。

「幾」物事が変化する兆し。兆しとは物事が動く前の機微。

「機」勘所。ツボ。

「期」物事が熟して、満ちること。そのタイミング。

　この3つの「キ」を捉えることによって、洞察力と直感力を身に付けることができます。

中国古典から得た経営手法（3）「任天」「任運」という考え方

「死生命有り、富貴天に在り」（論語）

生きるか死ぬかは天命の問題、金持ちになるか、貴い人になるかも天の采配ということです。

「自分に起きたことは、全部『天命』だと思い込むこと」であり、悲観的にならなくていい。「最善観」という考え方として、森信三先生の『修身教授録』にこうあります。「わが身にふりかかる一切の出来事は、実はこの大宇宙の秩序が、そのように運行するが故に、ここにそのようにわれわれに対して起きるのである。（中略）すなわちいやしくもわが身の上に起こる事柄は、そのすべてが、この私にとって絶対必然であると共に、またこの私にとっては、最善なはずだというわけです」素直にその一切、天命を受け入れることがあらゆる人生において良いと思います。

「孟子」にも天が与える試練として、こう書かれています。

「故に天の将に大任をこの人に降さんとするや、必ず先づその心志を苦しめ、その筋骨を労し、その体膚を餓ゑしめ、その身を空乏にし、行その為す所に払乱せしむ。心を動かし性を忍ばせ、その能くせざるところを曽益せしむる所以なり」

　数々の辛く大変なこともすべて天が大任を与えるための試練であるということです。

　此の世は、あらゆることが常に不確実です。

「有備無患（備えあれば患い無し）」（書経）ですが、私は常々、新しいことをやる時に成功すると思ってやっていません。やることがすべて当たる、それは神様の御技です。だから8割失敗で2割当たるぐらいで上等です。ただし、失敗に備えておくことが大事なのです。

ですから「策に三策あり」でＡ案が駄目ならＢ案、Ｂ案が駄目ならＣ案といった具合に、最初から少なくとも三つ位は用意しておく、というように私は準備をしています。

中国古典から得た経営手法（4）「省くことがまず先」

　モンゴル帝国のチンギス・ハンに仕えた耶律楚材が『十八史略』のなかで「一利を興すは一害を除くに若かず、一事を生ずるは一事を減すに若かず」と言っています。

　これはとても大事なことだと思う。我々は新しいことを興すことばかり考えているが、省くことを考えることも大切である。良い植物を育てようと思ったら剪定して無駄を省き、風通しを良くするのと同じであります。例えば、外務省、大蔵省など国の機関には「省」という字がついている。「省」という字は「はぶく」と「かえりみる」とのふたつの意味合いがあり、国家機関も「かえりみて」「はぶく」ことが必要であるということの表れです。

中国古典から得た経営手法（5）「入るを図って出るを制す」

「入るを量りて出ずるを為す」（礼記）
　収入の額を計算し、それに応じた支出を行うということです。

中国古典から得た経営手法（6）「仁」の思想と顧客中心主義

「仁」の思想と顧客中心主義

　ネット時代のビジネスでは、相手を思いやる「仁」の思想、即ち顧客中心主義が最も重要です。二人以上の人が集団する社会にあって、最も基本となる徳目が仁です。「仁」という字は、人プラス二から成り、常に孤に非ずして群であること、人が集団する社会は、複数の人々によって構成されていることを表している。だからこそ、複数の人々が集まって生活を営む以上、お互いが思いやり、親しみ、いつくしみ、助け合い、深い慈愛等が基本となる。その心が「仁」である。ネット社会では、お客様の顔が見えない。だからこそ、さらに思いやりの心が必要なのです。

「仁」の両面は、「忠」と「恕」と言えましょう。

「曾子曰く、夫子の道は忠恕のみ」（論語）とありますが、「忠」とは自分に対するものです。欲求の動きを調和し、調節して正しい心を持続する働きを達成するための精神。努力のこと。そのため、自分自身を欺かず、全力投球し、忠実に務めることが「忠」となる。

「恕」とは、人に対するもの。「我の如く相手を思う」という慈愛の情——仁愛の心、相手を許す寛大な心のことです。

　だから、私はお客様のことを想い、SBI証券では、継続して高い顧客満足度評価を受けられるように企業努力しています。その結果、国内で圧倒的な顧客基盤を有し、個人株式委託売買代金でもトップです。住信SBIネット銀行においても継続して高い顧客満足評価を受けている。住信SBIネット銀行はインターネット専業銀行のなかでも後発ながら、預金残高を拡大させ、ネット銀行国内首位の規模に成長。現在トップを走り続けている。2007年9月の開業から短期間で事業規模を拡大し、預金残高は地方銀行・新規参入銀行等76行のうち24位である。（2020年9月末日時点では17位）

　SBI損保においても同様に継続して高い顧客満足度評価を受けていて、保有契約件数は順調に増加し、2018年9月末で100万件を突破した。

　また、交渉やアライアンスのカギも「仁」の思想にあります。「巧詐（上手く誤魔化すこと）は拙誠（下手でも真面目）に如かず」（韓非子）とあるように、自身の利益だけを考えるのではなく相手の立場に鑑み真心を尽くして向き合っている、といった誠実さが相手にも伝わることが大事になります。

「子曰く、巧言令色、鮮なし仁」（論語）という言葉もありますが、上手に飾り過ぎた言葉の人や、うわべばかりかっこうつけた表情の人には、本当の思いやりの心が欠けているという意味です。

　また、「子曰く、君子は其の言の其の行に過ぐるを恥ず」（論語）とあるように、君子は、言葉ばかり多くて、行動が少ないのを恥と

するもので、こういった中国古典の教えが誠実であることの大切さを示しています。

競争を勝ち抜くために

　競争を勝つためには、まず勝つための慎重さを持つことが大事です。

「夫れ未だ戦はずして廟算するに勝つ者は、算を得ること多きなり」（孫子）

　戦の勝敗は廟（びょう：祖先・先人の霊を祭る建物）で作戦会議を行う時に既に決しているということです。

「算多きは勝ち、算少なきは勝たず。而るを況や算なきに於いてをや」（孫子）

　勝算がないときは勝負しないことが肝要で、競合相手に対する徹底分析をすることです。

「彼を知り己を知れば百戦危うからず」（孫子）

　相手を考慮せずに何事をやるわけには行かない。

成功のための四要素

　昔から成功の三要素と言われているものがあり、それが

「天の時は地の利に如かず。地の利は人の和に如かず」（孟子）です。

　天の時とは、タイミングのことで“Timing is everything”です。

　地の利とは、今で言うところの事業領域や事業ポートフォリオのことだと思います。

人の和、これは組織体制です。

　そして、もう１つ加えるとするならば

「善く戦う者は、これを勢に求めて人に責めず」（孫子）とあるように「勢い」があると尚いいです。やはりものには全て勢いがあります。孫子が戦に当たって「勢い」を重要視していたように、私も事業を展開する上で、一気呵成に遣りあげるという「勢い」が大事だと考えます。

　また、環境変化を先取りすることも経営者に求められます。

「事異なれば即ち備え変ず」（韓非子）

　状況が変わってくれば、それに対する準備も当然変わらなければいけない。昔の成功体験に安穏していると生き残れません。

　例えば日本の貿易収支と所得収支の推移をみると、日本は貿易で稼ぐ時代から投資で稼ぐ時代へ2005年に反転しています。SBIグループが2005年にシンガポールの投資会社「テマセク・ホールディングス」とプライベートファンドを共同設立し、海外投資を本格化させたのがこのタイミングでした。

　以後、世界各国の現地有力パートナーとのJVファンドを設立し、アジアを中心に積極的に投資をしています。

　以上で、本日の私のお話は終わりといたします。

　ご静聴ありがとうございました。

北尾吉孝氏の講演後の質疑応答

（左手前から2番目の男性）

　ありがとうございました。大変おもしろく参考になりました。

　本日は、中国の古典から学ぶ経営視点ということでお話を頂いたのですが、なぜ中国の企業はこのような素晴らしい古典があるのに学んでいないのか不思議です。これは未だその時代じゃないのか、もしくはこの先余裕が出てくれば、古典を学びCSR的観点が中国企業でも普及してくるのかについて、お考えをお聞かせください。

（北尾）

　歴史的な背景には文化大革命があります。これは当時、林彪を否定すること、それから孔子を否定すること。このふたつが関係しています。すなわち、毛沢東を越える存在が許されない時代です。したがって、昔の梵書坑儒のように論語や中国古典の儒学が排斥された。大変悲惨な歴史であり、ずいぶん文化的遺産も灰になってしまった。これが最大の理由です。

　そしてもう一つの理由は、中国は長きに渡って「一人っ子政策」をとっていました。「一人っ子政策」は、一人の子供を六人の大人

がわがままに育ててしまう。韓非子のなかに「厳家に悍虜なく、慈母に敗子あり」とある。このふたつの理由が、現在の中国の道徳的大敗を招いていると考える。しかし、北京オリンピックの開会式の時、孔子の3,000人になぞらえて3,000人が行進をした。さらに、小学校では論語の素読が始まった。なぜかというと、近年粉ミルクに化学物質が混入されるという不祥事があってから、中国政府も道徳を再度立て直さないといけないことに気付いた。私自身、北京大学や清華大学、復旦大学でMBAの講師を務めたことがあり、質疑に対する学生たちの積極性をみると、変わりつつあるのを感じました。

総括・閉会の辞

谷口　誠（アジア・ユーラシア総研特別顧問、元国連大使）

　どうも、今日はありがとうございました。私は今年で88歳、米寿と言われておりこの年まで色々と仕事をして参りました。

　元々は外交官で、そこから日立金属で社外監査役を10年間務めて参りました。日立金属はどんなことがあっても社員を守ると言いながら、経済が悪化した時に海外を含めて3,000名の社員をリストラしました。3,000人をリストラするということは、家族含めて10,000人ほどの方の生活に影響を与えます。OECD（経済協力開発機構）では、労働の自由化という立場から日本の終身雇用制は、OECDとしてはあまり良くないと考えておりました。日立としては創業者である鮎川義介が守っていたことを経済状況の影響のために断念してしまいましたが、株主への中間配当を5円でも支払うのであれば、その資金で守るべき社員の雇用とその家族の生活を守って欲しかった。経団連が労働市場の自由化は解雇も含めてありうると提言したときに、日本の企業の倫理観が無くなったと思ったが、本日のお話をお伺いして、北尾さんのような方が経団連の中心におられれば、もっと素晴らしかったのではと感じました。アダム・スミ

スは元々「道徳哲学」、現在の「倫理学」の教授であった。日本も
これからはアジアの価値観を持続していって欲しいし、渋沢栄一の
ような「そろばんと倫理」という考え方が、これからの日本の経営
者の考え方であって欲しいと思いました。アジアはアジアの良い点
を活かして欲しい。日産自動車は日立金属からできた会社であった。
ゴーンさんの日産自動車の経営的考え方はアジアには合わない。ゴ
ーンさんの横暴な経営を許した日本の経営者の価値観がおかしいと
思っております。

　本日はご講演ありがとうございました。

SBIホールディングス株式会社
代表取締役社長

北尾吉孝（きたお・よしたか）

1951年兵庫県生まれ。74年慶應義塾大学経済学部を卒業し同年に野村證券入社。78年英国ケンブリッジ大学経済学部卒業。89年、ワッサースタイン・ペレラ・インターナショナル社（ロンドン）常務取締役。91年、野村企業情報取締役。92年、野村證券事業法人三部長。95年、孫正義氏の招聘によりソフトバンク入社、常務取締役に就任。99年より現職。証券・銀行・保険、投資などの金融事業から、アミノ酸の一種「5-ALA」の製品開発事業まで幅広く展開するSBIホールディングス代表取締役社長。公益財団法人SBI子ども希望財団理事及びSBI大学院大学理事長兼学長も兼務。『何のために働くのか』（致知出版社）、『実践版 安岡正篤』（プレジデント社）、『成功企業に学ぶ実践フィンテック』（日本経済新聞出版）、『挑戦と進化の経営』（幻冬舎）、『ALAが創る未来』（PHP研究所）、『地方創生への挑戦』（きんざい）など著書多数。

刊行開始！ 河合栄治郎 著作選集

● 全五巻（別巻一）

四六判・縦書・上製
各巻二、五〇〇円（税込み）

[第一巻]——『教育・教養論』
編集：湯浅博（産経新聞客員論説委員）

[第二巻]——『社会思想家論』
編集：川西重忠（桜美林大学名誉教授）

[第三巻]——『二・二六事件他 時局論』
編集：松井慎一郎（聖学院大学准教授）

[第四巻]——『人物論』
編集：清滝仁志（駒沢大学教授）

[第五巻]——『国家論・自由に死す』
編集：芝田秀幹（沖縄国際大学教授）

[別巻]——『唯一筋の路』
編集：河合栄治郎研究会

[別冊]——『河合栄治郎の思想形成』

河合栄治郎（かわい えいじろう）

1891年2月13日、東京・千住生まれ。第一高等学校時代に新渡戸稲造と内村鑑三によるキリスト教思想の感化を受ける。東京帝国大学では政治学を小野塚喜平次に学び、恩賜の銀時計受領という優秀な成績で卒業。1915年農商務省に入省。辞職後の1920年、東京大学助教授となる。1922〜25年のイギリス留学中にトーマス・ヒル・グリーンの思想に共鳴。帰国後、東大教授に。理想主義的自由主義の立場から、マルクス主義にもファシズムにも反対。荒木貞夫文相の「帝大総長官演説」を批判し、土方成美ら右翼「革新派」教授と対立。このため1938年「ファシズム批判」『第二学生生活』など4著が発売禁止となり、翌年起訴された。裁判で最後まで争ったが、1943年の上告棄却により有罪確定。太平洋戦争中は一切の発言を禁じられた。著書に『トーマス・ヒル・グリーンの思想体系』『社会政策原理』『学生に与う』など多数。1944年2月15日没。

【参考文献『コンサイス日本人名事典』】